Collection de M. D. C.

CATALOGUE

DE

DESSINS ET TABLEAUX

LA PLUPART DE L'ÉCOLE FRANÇAISE

DONT LA VENTE AURA LIEU

HOTEL DROUOT, SALLE N° 3

Le Mercredi 31 Mai 1882

A TROIS HEURES PRÉCISES

COMMISSAIRE-PRISEUR

Me DELESTRE, rue Drouot, n° 27

EXPERTS

Pour les Dessins :	*Pour les Tableaux :*
M. CLÉMENT	M. GEORGE
rue des Sts-Pères, 3.	rue Laffitte, 12.

EXPOSITIONS

PARTICULIÈRE	PUBLIQUE
Le Mardi 30 Mai 1882	*Le Mercredi 31 Mai 1882*
de 1 heure à 5 heures.	de 1 heure à 3 heures.

CONDITIONS DE LA VENTE

Elle sera faite au comptant.

Les adjudicataires payeront *cinq pour cent* en sus des enchères.

ORDRE DE LA VACATION

On commencera par les dessins, à trois heures précises.

DESSINS & AQUARELLES

DÉSIGNATION

BOILLY

(Louis)

150   1 — *Le Concert en famille.*

Charmante composition de sept figures.
A la plume, lavé d'encre de Chine.

BOILLY

(Louis)

2 — *Portrait de femme en cheveux.*

Beau dessin à l'estompe.

BOILLY

(Louis)

3 — *Les Joueurs d'échecs, au café de la Régence.*

Beau dessin au lavis d'encre de Chine.
Composition de dix figures.

BOREL

(Antoine)

4 — *Le Dévouement.*

Jeune fille attaquée dans un bois par deux brigands et sauvée par un soldat de la maréchaussée.

4 *bis*. — *La Récompense.*

Les parents de la jeune fille consentent à son mariage avec le soldat, son sauveur.

Deux dessins formant pendants, peints à la gouache.

Signés : BOREL.

Cités dans l'ouvrage de M. le baron Portalis : *Les Dessinateurs d'illustrations au* XVIIIe *siècle.*

BOREL

(Antoine)

5 — *La Bascule.*

5 bis. — *Le Charlatan.*

Deux beaux dessins en largeur formant pendants. Cités dans l'ouvrage de M. le baron Portalis.

Signés : Borel.
Ils ont été gravés en couleur.

BOUCHER

(François)

6 — *L'Enlèvement d'Europe.*

Gracieux dessin in-folio à la pierre noire, rehaussé de blanc, sur papier bleu, pour les *Métamorphoses* d'Ovide.

Provient de la vente de M. Thibeaudeau.

BOUCHER

(François)

7 — *Le Sommeil de Vénus.*

Magnifique dessin au crayon noir rehaussé de blanc.

A été gravé.

BOUCHER

(François)

8 — *Guerrier recevant des présents.*

Dessin capital, à la sanguine et au bistre, grand in-folio.

BOUCHER

(François)

9 — *La Bergère.*

Jeune fille en galant costume, assise sur le gazon, ayant au bras un panier plein de fleurs et sa houlette à la main. Elle fait signe à son berger de venir.

Peint à la gouache.

BOUCHER

(François)

10 — *Portrait de jeune fille avec des fleurs dans les cheveux.*

En haut, à droite, on lit cette note de la main de Boucher : *Madame de Pris filles de M. de Pleneufe estent jeune lorce que j'ay peint tout la famille de M. Depleneufe* (sic).

Aux trois crayons.

CARMONTELLE

(Louis Carrogis, dit de)

11 — M. le Chevalier de Pons.

Il est vu de trois quarts, assis sur une chaise.

Curieux dessin aux trois crayons.

COCHIN
(Ch.-Nic.)

12 — *L'Assomption de la sainte Vierge.*

Ce beau dessin in-folio et le suivant sont cités dans l'ouvrage de M. le baron Portalis.

A la sanguine et au crayon noir.

Signé: C. N. Cochin Filius delin. 1772.

COCHIN
(Ch.-Nic.)

12 bis. — *La Sainte Vierge dans les cieux, adorée par les saints.*

Dans la partie inférieure se trouvent le pape, les évêques, les religieux, les religieuses les plus célèbres.

A la sanguine et au crayon noir.

Signé: C. N. Cochin Filius delin. 1772.

Ces deux beaux dessins ont fait partie d'une suite de 12 illustrations pour un missel.

COCHIN

(Ch.-Nic.)

13 — *La Promenade.*

Composition de huit figures.

Charmant petit dessin à la plume, lavé d'encre de Chine, curieux pour les costumes.

Signé : Cochin fils.

DEBUCOURT

(Philibert-Louis)

14 — *Partie de campagne.*

Plusieurs personnages élégamment vêtus se livrent au plaisir de la danse, dans un riche paysage. A droite et à gauche, quelques groupes d'hommes et de femmes complètent la composition.

Morceau très capital et du plus grand effet, à la plume, lavé en couleur. Provient de la vente Van den Zande, n° 2958 du Catalogue, où il est indiqué par M. Guichardot comme étant l'un des plus beaux dessins de ce maître.

DEBUCOURT

(Philibert-Louis)

15 — *Les Travaux pour la Fédération au Champ de Mars.*

Dessin capital, aquarelle gouachée, malheureusement non terminé.

Il représente une réunion nombreuse de Parisiens allant travailler aux buttes dressées au Champ de Mars pour la Fédération. Les Parisiens allaient là plutôt pour s'y amuser que pour travailler. On finit par appeler ces promenades les journées des Brouettes. Chaque section était tenue d'envoyer des travailleurs. Précédés d'un tambour, commandés par un officier, accompagné de deux grenadiers de la garde civique, les citoyens qui composaient la section marchaient à peu près en ordre avec leurs outils sur l'épaule ; mais, arrivés au Champ de Mars, la troupe se débandait, et chacun de courir, de s'amuser, de se faire brouetter ou traîner dans un tombereau. Ce sont ces scènes que Debucourt a représentées avec une verve et une grâce sans pareilles.

Ce dessin est également curieux pour les costumes.

Une partie de ce curieux dessin a été gravée à l'eau-forte par MM. Edmond et Jules de Goncourt dans leur notice sur Debucourt. On y lit notamment que :

« Les dessins de Debucourt d'avant le
« Directoire et l'Empire, les dessins entiè-
« rement purs, assez signés par le faire,
« pour n'être pas confondus avec des
« Greuze ou des Fragonard, ces dessins
« sont d'une singulière rareté. »

Notre dessin est cité également dans le livre *les Dessinateurs d'illustrations au xviiie siècle*, de M. le baron Portalis.

DE MARNE

(Jean-Louis)

16 — *Paysage.*

Perspective d'une grande route. A droite, pavillon à la porte duquel sont des paysans et des paysannes. Sur la route, paysans et bestiaux.

A la plume et au lavis d'encre de Chine. Joli spécimen du maître.

SWEBACH DESFONTAINES

17 — *Les Repas civiques.*

La rue de Tournon. Au fond, la façade du palais du Luxembourg. Devant chaque maison des tables sont dressées, entourées de nombreux citoyens et citoyennes buvant et mangeant.

Beau dessin, très fin, à la plume et au lavis d'encre de Chine.

Gravé à l'eau-forte par Duplessis-Bertaux.

DUPLESSIS-BERTAUX

(Joseph)

18 — *Intérieur d'un Comité révolutionnaire.*

Le comité siège. On amène une famille de ci-devants. Plusieurs des membres accusent ces malheureux. Dans un coin, des gens armés boivent, d'autres fument. Une sentinelle en uniforme et armée monte la garde. Presque tous ont le bonnet rouge.

Sur la porte d'entrée on lit : *Ici on se tutoie.* — *Fermez la porte s'il vous plaît.*

A la plume, lavé d'encre de Chine.

Nota. Ce dessin et le précédent ont été gravés dans les Tableaux de la Révolution française.

ÉTIENNE

19 — *Le Cabaret de Ramponneau.*

Le grand salon du cabaret. Nombreux groupes buvant et chantant. Scènes fort animées.

Sur le mur du fond, les portraits de M. et Mme *Ramponaux* (sic) dans un même cadre et divers dessins avec inscriptions.

Ce curieux dessin naturaliste n'a pas été gravé.

FRAGONARD

(Honoré)

20 — *Paysage animé de figures.*

Au crayon rouge.
Signé à droite : Fragonard.

FREUDENBERG

(Sigismond)

21 — *Deux Dessins pour vignettes.*

A la plume et à l'encre de Chine, probablement pour la suite de l'*Heptaméron* de la reine de Navarre, mais n'ayant pas été employés.

Cités dans l'ouvrage de M. le baro Portalis.

FREUDENBERG

(Sigismond)

22 — *Une Dame assise jouant de la harpe et une autre jouant du clavecin.*

Deux charmants dessins formant pendants. Ils sont exécutés aux trois crayons. (In-4°.)

Proviennent de la collection Dupan et Van den Zande.

GRANDVILLE

(J. J.)

23 — *Fête dans le Parc de Saint-Cloud.*

Composition animée d'un grand nombre de figures.

A la plume, lavé de bistre, rehaussé de blanc.

Signé : J. J. GRANDVILLE, 1827.

LANCRET

24 — *Un Danseur.*

Étude à la sanguine et au crayon noir.

MALLET

25 — *La Lecture.*

Un jeune homme et une jeune femme abrités sous un parasol sont assis à côté l'un de l'autre dans un jardin. Le jeune homme tient un livre et fait la lecture.

Costumes du Directoire.

Charmante gouache.

MALLET

26 — *La Réprimande.*

Dans une pièce rustique, sur le premier plan, à gauche, un moine assis semble réprimander une jeune fille debout devant lui sur son costume élégant. Toute la famille écoute avec attention les paroles du moine.

Charmante composition de huit figures.

A la gouache.

NICOLE

27 — *Deux Petits Paysages, avec fabriques, vues d'Italie, d'une grande finesse.*

A la plume, légèrement aquarellés.

OUDRY

(Jean-Baptiste)

28 — *Rendez-vous de chasse dans une forêt.*

Nombreux personnages, piqueurs à cheval, chiens, etc.

Très beau dessin au crayon noir et blanc.

Signé : J. B. Oudry, 1745.

SAINT-AUBIN

(Gabriel de)

29 — *Quatre Études sur la même feuille, dont un joueur de vielle et un charmant profil de femme.*

Croquis spirituels.
A la mine de plomb et au crayon noir.

SCHENAU

30 — *Jeune Femme à son lever.*

Sa soubrette lui passe son peignoir.
Joli ameublement.
Au crayon noir lavé d'encre de Chine.

VAN GOYEN?

(ÉCOLE HOLLANDAISE)

31 — *Paysage, effet d'hiver.*

Canal glacé entourant un château avec tourelles et animé de nombreuses figures.

Charmant dessin.

Au crayon noir légèrement lavé d'aquarelle.

WALLAYER-COSTER

32 — *Portrait.*

Dessiné dans un cadre rond, entouré d'une guirlande de feuillages et de fleurs. Sur le socle se trouve la mention suivante :

Monnot, sculpteur fort habile de l'École française régénérée sous Louis 16 dessiné par Mme Wallayer Coster, peintre de fleurs du même temps.

TABLEAUX

DÉSIGNATION

BOILLY

(Louis-Léopold)

33 — *La Promenade.*

Une jeune femme est représentée dans un paysage, en toilette élégante, chapeau bleu à rubans, corsage de soie grise, fichu en gaze, jupe de satin blanc.

Elle donne la main à son enfant, un petit garçon aux cheveux blonds, qui lève la tête vers sa mère et se soulève sur la pointe des pieds, comme pour s'attirer une caresse. Il est vêtu d'un habit de soie orangé, d'un gilet et d'un pantalon bleus.

Charmant tableau, d'un effet très agréable, d'une coloration fine et délicate.

Toile. Haut., 40 cent.; larg., 31 cent.

BOILLY

(Louis-Léopold)

34 — *L'Enfant à l'oiseau.*

Un bébé blond, vu de face, les yeux grands ouverts, n'ayant pour vêtement qu'une chemisette qui glisse de l'épaule, semble tout heureux de tenir un chardonneret qui se débat dans ses petites mains.

Toile. Haut., 22 cent.; larg., 17 cent.

BOILLY

(Louis-Léopold)

35 — *Portrait de femme.*

Dame âgée, vue en buste, de trois quarts, les cheveux sur le front, frisés en tire-bouchon. Bonnet de dentelle garni de roses artificielles, collerette à bouillons, robe de soie bleue, foulard blanc à raies rouges noué sur la poitrine.

Toile. Haut., 21 cent. 1/2 ; larg., 16 cent. 1/2.

BRUEGHEL DE VELOURS

36 — *Le Moulin à vent.*

Un moulin s'élève au milieu d'un plateau d'où la vue embrasse un vaste panorama.

Une route qui contourne ce plateau est animée de jolies figurines finement peintes et bien mouvementées : campagnards se rendant au marché, paniers aux bras ; voyageur dans un chariot attelé de trois chevaux ; cavalier coiffé d'un feutre gris et portant un manteau rouge, etc.

Cuivre. Haut., 14 cent.; larg., 20 cent.

FRAGONARD

(Honoré)

37 — *L'Amour.*

Le petit dieu, armé d'une flèche, est en embuscade dans un buisson de roses au milieu d'un parc; un doigt sur la bouche, il recommande le silence. Une écharpe rouge ondule autour de son corps.

Le carquois est déposé à ses pieds, les colombes planent au-dessus de sa tête.

Œuvre séduisante et d'une exécution très soignée.

Gravé en couleur.

<small>Cuivre forme ovale. Haut., 54 cent.; larg., 44 cent.</small>

GUYARD

(Labille des Vertus, dite Mme)

38 — *Portrait de femme.*

Jeune femme, au regard vif, à la physionomie intelligente, vraisemblablement une actrice. Cheveux poudrés, coiffure à la maréchale. Son corsage de soie jaunâtre est surmonté d'un fichu de gaze à large collerette plissée.

En buste et de trois quarts.

Bois. Haut., 55 cent.; larg., 45 cent.

LAGRENÉE

(Louis-Jean-François)

39 — *La Jeune Mère.*

Coiffée d'une fanchon nouée sous le menton, vêtue d'un corsage rouge et d'une jupe de toile grise, une jeune femme allaite son enfant, tout nu sur ses genoux.

Toile. Haut., 43 cent.; larg., 36 cent.

LAMBERT

40 — *Hommage à la Divinité.*

Ce tableau est accompagné de la gravure de même dimension, exécutée par Gautier aîné.

Toile. Haut., 32 cent.; larg., 27 cent.

LANTARA

(Simon-Mathurin)

41 — *Paysage, effet de nuit.*

La lune apparaît au milieu des nuages et se reflète dans une rivière bordée de maisonnettes, d'églises, de moulins à vent.

Sur la rive, à droite, brûle le feu d'un bivouac.

Petite peinture sur papier, très soignée.

Haut., 8 cent.; larg., 11 cent.

LOO

(Jean-Baptiste van)

42 — *Portrait de Stanislas, roi de Pologne.*

En buste, de profil, tourné vers la droite, cheveux poudrés. Il porte la cuirasse, en partie cachée par le manteau royal.

Une note manuscrite collée au revers du panneau indique que ce petit portrait aurait été peint à Nancy, l'année du mariage de Marie Leczinska, fille du roi Stanislas, avec Louis XV.

Bois. Haut., 23 cent. 1/2; larg., 18 cent.

MARNE

(Jean-Louis de)

43 — *La Foire de village.*

La fête est animée; il y a foule sur le champ de foire. On se presse aux baraques des saltimbanques et sous les quinconces devant l'église du village.

Les bestiaux, ânes, vaches, chevaux, sont parqués autour d'un grand arbre au premier plan. Deux hommes débattent le prix d'une vache avec une fermière. A gauche, on boit, on mange sous une tente. Le cabaretier se penche sur son fourneau. Un ménétrier racle son instrument, juché sur une barrique chargée dans une charrette. Un paysan accroupi retire ses poules d'un panier. A droite, une petite chevrière est assise sur un tronc renversé, à côté d'un vieux bimbelotier qui propose des besicles à une campagnarde qu'il retient par le bras.

D'intéressants épisodes égaient tous les plans de cette importante composition.

Bois. Haut., 34 cent.; larg., 44 cent.

MARNE

(Jean-Louis de)

44 — *La Fête de campagne.*

La foire se tient sur une grande place ornée d'une fontaine de style gothique, non loin d'une porte de ville gardée par un poste de soldats.

La place est encombrée de voitures, de bétail. La foule s'agite dans tous les sens. Un paysan conduit sa vache; un autre dirige un troupeau de moutons entre la charrette d'un campagnard arrêté pour faire boire son cheval et un grand chariot, plein de monde, traîné par des bœufs.

A gauche, deux hommes se donnent une poignée de main, arrêtés auprès d'une femme assise sur un cheval. A droite, un forain assis sur un tronc d'arbre expose des ustensiles de ménage sur un banc. Des enfants, dont un soulevé par sa mère, admirent la lanterne magique. Plus loin, du même côté, s'alignent sous les arbres les baraques des bimbelotiers.

Exécution soignée et spirituelle.

Signé à gauche : DE MARNE.

Toile. Haut., 31 cent.; larg., 41 cent.

NATTIER

(Attribué à Jean-Marc)

45. — *Marie Leczinska, reine de France.*

A mi-jambes, de grandeur naturelle, la tête tournée de trois quarts vers la gauche, assise sur un fauteuil fleurdelisé. Ample robe de velours rouge agrémentée de rubans de même nuance et bordée de fourrure brune. Manchettes de dentelle blanche à triple rangée de volants; bonnet également en dentelle recouvert par une pointe noire nouée sous le menton. Elle est accoudée du bras gauche sur un livre ouvert placé sur une console dorée; la main droite repose sur les genoux.

Pour fond une draperie bleue, tendue devant une colonne cannelée.

Nous pensons qu'il est intéressant de

reproduire ici une note manuscrite collée autrefois au revers de la toile :

« Je certifie que ce tableau de la reine
« Marie Lesinska a été donné par mes-
« dames de France, Sophie, Adélaïde,
« Victoire, à Monsieur le comte de la
« Rivière, page de Louis XV, colonel des
« chevaux légés Ecuyer de mains des
« princesses. Ce tableau n'est jamais sorti
« de la famille, resté en héritage à Mme la
« C^{sse} de la Rivière qui me l'a laissé en
« toute propriété (il est de Vanloo).
  « SOPHIE HARDOUIN. »

Ce tableau est-il une répétition peinte par Van Loo du célèbre portrait de NATTIER, gravé par J. TARDIEU ? Nous ne le pensons pas. L'auteur de la note a pu être induit en erreur sur le nom de l'auteur. Le tableau nous semble être une répétition originale de Nattier. C'est une œuvre du temps, très remarquable et des plus intéressantes.

Toile. Haut., 1 m. 16 cent.; larg., 90 cent.

NEER

(Attribué à AART VAN DER)

46 — *Clair de lune.*

Des pêcheurs tendent leurs filets dans un canal qui fuit vers l'horizon sous un ciel nuageux, éclairé par la lune.

Bois. Haut., 18 cent.; larg., 14 cent.

PATER

(Attribué à Jean-Baptiste)

47 — *Le Rendez-vous de chasse.*

On se réunit dans la clairière d'un bois. Une dame assise sur un tertre auprès d'un chasseur souhaite la bienvenue à une amazone qu'un seigneur aide à descendre de sa monture. Un négrillon se tient à la tête du cheval. Des fruits et des bouteilles sont placés au milieu d'une nappe étendue sur le gazon.

Au second plan, à droite, un piqueur sonne du cor et deux cavaliers longent la rivière.

Toile ovale. Haut., 51 cent.; larg., 68 cent

PLATZER

(Jean-George)

48 — *La Partie de musique.*

Une dame, au clavecin, donne le *la* pour faciliter l'accord de son instrument à un jeune violoncelliste, assis auprès d'elle. Debout derrière eux, un troisième dilettante s'apprête à jouer de la flûte. A droite, une belle cheminée décorée de sculptures. A gauche, une tapisserie représentant la Toilette de Vénus.

Signé en bas, à droite.

Cadre sculpté. Cuivre. Haut., 27 cent.; larg., 21 cent.

PYNACKER

(Adam)

49 — *Le Cheval blanc.*

Une paysanne est assise au bord d'un chemin, tenant la bride d'un cheval blanc vivement éclairé par un rayon de soleil. A ses pieds sont couchés deux moutons et une chienne avec ses petits. Plus loin, sur la route, s'éloigne un villageois le bâton à la main.

Ciel lumineux. Coloris chaud et harmonieux.

Tableau de belle qualité.

Signé en toutes lettres.

Bois. Haut., 48 cent.; larg., 39 cent.

SENAVE

(Jacques-Albert)

50 — *Intérieur de ferme.*

Une jeune fermière dépose une jatte de lait sur une grande table où sont éparpillés des œufs dans un panier; des grappes de raisins, un pot en cuivre, un vase de fleurs, etc. Deux enfants se tiennent derrière la table. A gauche, une fillette emplit une hotte de légumes. Un petit chat boit dans une bassine, des poules et des poussins picorent près de la porte.

A gauche, un monogramme peu visible.

Bois. Haut., 21 cent.; larg., 27 cent.

SPRANGER

(Barthélemy)

51 — *Les Trois Déesses.*

Figures en buste.

Bois. Haut., 13 cent.; larg., 19 cent.

TAUNAY

(Nicolas-Antoine)

52 — *Le Départ de l'Enfant prodigue.*

La famille, groupée sur le perron de l'habitation, assiste au départ de l'Enfant prodigue qui se retourne pour faire un dernier adieu, avant de monter à cheval.

Au second plan, assis à l'ombre d'un arbre, un serviteur attend son maître, ayant à côté de lui son cheval et la mule qui porte les bagages.

Dans le fond, une église et des maisons.

Cette jolie composition, où l'on compte huit personnages, deux chevaux, une mule et un chien, est connue par la gravure en couleur de Debucourt.

Ce tableau est mentionné dans l'ouvrage de M. le baron Portalis sur « les dessinateurs d'illustrations au XVIIIe siècle », page 625.

Signé : TAUNAY.

Bois. Haut., 29 cent.; larg., 43 cent.

TAUNAY

(Nicolas-Antoine)

53 — *Paysage, site italien.*

Deux villageoises et un enfant conduisent un troupeau de vaches et de moutons sur une route plantée d'arbres et bordée de villas italiennes.

Ravissant petit spécimen de l'artiste, d'une extrême finesse de pinceau.

Bois Haut., 11 cent.; larg., 16 cent.

VALLIN

54 — *L'Hyménée*.

Traversant une pelouse, escortés par des Amours qui sèment des roses sous leurs pas, deux amants, enlacés et guidés par le dieu Hymen qui tient un flambeau allumé, se dirigent vers un temple circulaire ombragé d'arbres et à demi caché par des buissons de fleurs.

Cet agréable tableau, l'un des mieux réussis de l'artiste pour le charme du coloris et la grâce de la composition, est peint dans le sentiment de Prudhon.

Il est signé ainsi : VALLIN, an 7.

Au Salon de 1827 figurait un tableau de Vallin, vraisemblablement celui-ci, portant pour titre : *l'Amour conduisant deux amants au temple de l'Hymen*. (Voir le *Dictionnaire des Artistes de l'École française au* XIXe *siècle*, par Gabet.)

Bois. Haut., 54 cent.; larg., 78 cent.

VESTIER

(Antoine)

55 — *Portrait de jeune femme.*

En buste, de trois quarts, cheveux poudrés, bonnet de dentelle blanche à rubans bleus avec bandeau de dentelle noire noué sous le menton ; les épaules recouvertes d'une mante brune bordée de fourrure. Boucles d'oreilles et croix en brillants.

Charmant portrait.

Beau cadre de l'époque, en bois sculpté et doré à nœuds et guirlandes.

Toile ovale. Haut., 60 cent.; larg., 49 cent.

WATTEAU

(Louis-Joseph, dit Watteau de Lille)

56 — *Soldats en bonne fortune.*

Deux militaires, en uniforme rouge, l'un debout, l'autre assis, lutinent une jeune femme qui tient un petit chien sur ses bras.

Signé et daté 1786.

Bois. Haut., 17 cent.; larg., 12 cent. 1/2.

WATTEAU

(Louis-Joseph, dit Watteau de Lille)

57 — *Pendant du précédent.*

Un dragon, assis au pied d'un arbre, enlace une servante d'auberge qui tient une bouteille; un garde française lève son verre pour boire à leur santé.

Signé et daté 1786.

Bois. Haut., 17 cent.; larg., 12 cent. 1/2.

WATTEAU

(École de Antoine)

58 — *L'Accord parfait.*

Groupe de cinq personnages.
Composition gravée.

Toile. Haut., 35 cent.; larg., 28 cent.

WERTMULLER

(Adolphe-Ulric)

Artiste suédois, né en 1751, fixé à Paris, et membre de l'Académie de Peinture, a exposé au Salon de 1785 le célèbre portrait de Marie-Antoinette et de ses enfants, exécuté par ordre de la reine et actuellement au Musée de Stockholm. (Voir l'étude sur les Musées du Nord par M. Clément de Ris, *Gazette des Beaux-Arts*, 207ᵉ livraison.)

59 — *Portrait présumé du Dauphin, fils de Louis XVI.*

Représenté de face, debout, un fouet à la main et traînant un petit chariot rempli de fleurs. Costume de satin gorge-de-pigeon à manches courtes, ceinture en soie blanche, chapeau noir. Fond de paysage.

Signé : A. WERTMULLER, S. (Suédois) *à Paris, 1789.*

Ce remarquable portrait a toujours été considéré comme celui de Louis XVII dans la collection de tableaux de M. Saint-Germain, dont la vente après décès a eu lieu à Caen en 1876, avec l'assistance de M. Warneck, expert.

Toile. Haut., 90 cent.; larg., 71 cent.

ÉCOLE FRANÇAISE

(Époque Louis XVI)

60. — *La Noce en promenade.*

Le cortège débouche de la grande rue et traverse la place de Périgord, à Amiens. Les parents et les invités suivent les mariés que précèdent les musiciens, les pâtissiers, les cuisiniers, portant des viandes suspendues à un bâton; un enfant conduisant un petit chariot bondé de volatiles et traîné par un chien.

Des seigneurs et des dames en toilettes élégantes et nombre d'autres personnages circulent sur la place autour d'une fontaine surmontée du groupe des trois Grâces.

Ce tableau, d'une exécution légère et spirituelle, et qui rappelle les plus charmants petits maîtres du xviiie siècle, notamment Debucourt et Le Prince, nous semble être l'œuvre de Jean-François Donvé, né à Saint-Amand en 1736, mort à Lille en 1799, élève de Louis Watteau, puis de Greuze, dont il devint l'ami.

Bois. Haut., 56 cent.; larg., 66 cent.

ÉCOLE VÉNITIENNE

61 — *La Femme adultère.*

Cuivre. Haut., 15 cent.; larg., 20 cent.

MINIATURE

62 — *L'Oiseau mort.*

MINIATURE

63 — *L'Éventail cassé.*

43135 —

15223 Dessin